Cabelos

para
GAROTAS
PODEROSAS

Cabelos para GAROTAS PODEROSAS

Um guia para deixar seus cabelos maravilhosos

Leanne Warrick

MARCO ZERO

Publicado originalmente no Reino Unido em 2004 pela Breslich & Foss Ltd, com o título *Hair Trix For Cool Chix*

PRODUÇÃO: Breslich & Foss Ltd, Londres
PROJETO GRÁFICO: Roger Daniels

Texto: Leanne Warrick
Ilustrações: Debbie Boon
Fotografias nas páginas 80-95: Shona Wood

Direitos desta edição reservados à Nobel Franquias S.A.
(Marco Zero é um selo editorial da Nobel Franquias S.A.)
Rua Major Paladino, 128 • Bloco 3 • 05307-000 • São Paulo • SP
Tel.: (11) 3706-1466 • Fax: (11) 3706-1462
www.editoramarcozero.com.br • atendimento@editoramarcozero.com.br

Publicado em 2011

Créditos desta edição:

Coordenação editorial: Márcia Duarte
Produção gráfica e direção de arte: Vivian Valli
Assistente de produção: Paula Casarini
Tradução: Priscila Aoki
Preparação: Maristela Nóbrega
Revisão: Renata Assumpção
Composição: Ana Dobón

Dados Internacionais de Catalogacao na Publicacao (CIP)
(Camara Brasileira do Livro, SP, Brasil)

Warrick, Leanne
Cabelos para garotas poderosas: um guia para deixar seus cabelos maravilhosos / Leanne Warrick ; traducao Priscila Aoki. – Sao Paulo : Marco Zero, 2010.

Titulo original: Hair trix for cool chix : the real girl's guide to great hair.
ISBN 978-85-213-1652-7

1. Cabelos - Cuidados e higiene
2. Cabelos - Estilos 3. Penteados I. Titulo.

10-07580 CDD-646.724

Índices para catalogo sistematico:
1. Cabelos : Cuidados e higiene : Cuidados pessoais 646.724

Agradecimento especial às garotas poderosas do grupo de pesquisa adolescente da Watson-Guptill por suas ideias, sugestões e também pelo entusiasmo.

Todo esforço possível foi empregado para garantir que as informações contidas neste livro sejam precisas. Recomenda-se às leitoras que leiam os rótulos das embalagens, sigam as instruções dos fabricantes e prestem atenção aos avisos. A editora não se responsabiliza por eventuais machucados, perdas, resultados adversos ou outros danos resultantes da utilização das informações deste livro.

Impresso na China / *Printed in China*

Sumário

Conheça seu cabelo

Vocês já passaram muito tempo juntos. Será que não chegou a hora de dar atenção ao seu cabelo?

Quanto mais você o conhece, mais sabe do que ele precisa para ficar lindo! Todas somos diferentes, e nossos cabelos também. O condicionador que deixa seus fios superbrilhantes pode enfraquecer os de sua amiga, ou deixá-los oleosos. O que você precisa é de uma rotina de tratamento criada especialmente para você. Faça o teste da página 8 e identifique seu tipo de cabelo. Depois, descubra no "Manual para cabelos divinos" (página 10) tudo o que você precisa para ter cabelos deslumbrantes todos os dias.

Qual é o seu tipo de cabelo?

Você conhece seu tipo de cabelo? Faça o teste a seguir e confira o resultado. Quando terminar, consulte o "Manual para cabelos divinos" (página 10) e saiba qual o tratamento indicado para você!

1. Após lavar o cabelo com xampu, quanto tempo demora para a raiz ficar oleosa?

A) Menos de um dia.
B) Nunca fica oleosa.
C) Dois dias.
D) Um dia.
E) Três dias ou mais.

2. Olhe-se no espelho e escolha abaixo a melhor descrição para seu cabelo:

A) Fino e geralmente com aparência enfraquecida.
B) Ondulado e com pontas secas.
C) Brilhante e macio da raiz às pontas.
D) Liso na raiz, porém crespo nas pontas.
E) Muito cacheado ou crespo.

3. Qual é a sua reclamação de cabelo mais frequente?

A) Parece sempre opaco.
B) Pontas duplas.
C) Nenhuma reclamação.
D) Pontas secas e raiz sempre oleosa.
E) Muito cacheado e volumoso.

4. Passe entre os dedos um único fio de cabelo, da raiz às pontas. Qual é a sensação do fio?

A) Um pouco oleoso.
B) Totalmente limpo porque está seco.
C) Macio da raiz às pontas.
D) Macio na raiz e seco em direção às pontas.
E) Muito crespo.

Resultado:

Maioria A: Vá à página 10 e consulte o Manual para cabelos divinos 1.

Maioria B: Vá à página 12 e consulte o Manual para cabelos divinos 2.

Maioria C: Vá à página 14 e consulte o Manual para cabelos divinos 3.

Maioria D: Vá à página 16 e consulte o Manual para cabelos divinos 4.

Maioria E: Vá à página 18 e consulte o Manual para cabelos divinos 5.

1

Cabelo oleoso

Quando o couro cabeludo produz muito sebo, que é o óleo necessário para a saúde capilar, o cabelo fica oleoso. Porém, se você mantiver o cabelo megalimpo, terá uma juba magnífica!

Para limpar

Escolha um xampu específico para seu tipo de cabelo, que vai dissolver o excesso de óleo e exibir sua beleza natural. Você deve lavar os cabelos todos os dias.

Para nutrir

Use um condicionador bem leve, que proporciona brilho sem deixar os fios pesados, com mais oleosidade. Passe a loção nas pontas, pois a raiz não precisa do tratamento!

Loção de enxágue de limão

FAÇA SEU PRÓPRIO
Tratamento DE CABELO

Além de remover o excesso de oleosidade, o suco de limão ajuda a realçar a cor de cabelos loiros, ruivos ou castanho-claros! Use esta loção nos cabelos lavados e úmidos.

Você precisa de:

- suco de 2 limões-sicilianos médios
- 1 coador
- 1 tigela grande
- 4 xícaras (1 litro) de água morna
- 1 toalha velha

1. Coe o suco de limão na tigela grande.

2. Meça 4 xícaras de água morna e despeje na tigela.

3. Lave o cabelo normalmente com xampu e condicionador. Em seguida, debaixo de uma torneira ou do chuveiro, passe a loção de enxágue nele. Cubra o cabelo com a toalha e relaxe por 10 minutos, antes de secá-lo.

2 Cabelo seco

O que seu cabelo precisa é de um pouco de cuidado e carinho. Mantenha suas madeixas bem tratadas e nutridas, e a recompensa será fios brilhantes e fortes!

Para limpar

Não lave o cabelo além do necessário, pois isso remove os óleos naturais de que ele precisa. No máximo, lave-o com xampu em dias alternados.

Para nutrir

Use um bom e forte condicionador para hidratar os fios e repor os óleos que faltam.

Máscara de cabelo de banana e mel

FAÇA SEU PRÓPRIO
Tratamento
DE
CABELO

A mistura de banana e mel é uma grande fonte de hidratação, além de deixar o cabelo com um cheiro divino!

Você precisa de:

- 1 banana madura
- 2 colheres (chá) de mel
- 1 tigela grande
- 1 colher de pau
- filme plástico
- 1 toalha velha

1. Amasse a banana na tigela. Adicione o mel e misture bem.

2. Lave o cabelo normalmente com xampu e, em seguida, passe a mistura de banana nos fios úmidos. Embrulhe o cabelo com filme plástico e depois cubra com uma toalha para manter o calor e ajudar no tratamento.

3. Relaxe por 10 minutos. Enxágue bem o cabelo e seque normalmente.

Cabelo normal

Sortuda! Você só precisa proteger o que a natureza lhe deu! Seria como ter apenas um seguro para suas madeixas!

PARA LIMPAR

Lave o cabelo em dias alternados com um xampu para cabelo normal (há várias marcas excelentes, escolha a sua!).

PARA NUTRIR

Seu tipo de cabelo é o único que dispensa o condicionador. Contudo, é possível usar um condicionador médio para deixar suas madeixas quase perfeitas com mais brilho ainda. Procure um com FPS (Fator de Proteção Solar) 15 para evitar a descoloração causada pelo sol.

Maionese mágica

Faça seu próprio Tratamento de cabelo

Maximize o brilho natural do cabelo com esse tratamento de nome esquisito. Embora a sensação possa parecer estranha, esta máscara deixa os fios com mais brilho e recupera as pontas duplas temporariamente.

Você precisa de:

- 2 colheres (sopa) de maionese
- filme plástico
- 1 toalha velha

1. Após lavar o cabelo, passe a maionese nos fios úmidos. Embrulhe o cabelo com filme plástico e depois cubra com uma toalha para manter o calor e ajudar no tratamento.

2. Relaxe por 10 minutos. Enxágue bem o cabelo e seque normalmente.

Cabelo misto

Seu cabelo sofre de dupla personalidade: é muito oleoso para ser chamado de seco, porém as pontas encrespam que é uma beleza.

Para limpar

Use um xampu para cabelo oleoso, mas massageie o produto só na raiz. Não se preocupe com as pontas porque o xampu irá escorrer e limpá-las na hora do enxágue.

Para nutrir

O importante é onde aplicar o produto. As pontas é que precisam de hidratação, portanto, faça o oposto de quando lava o cabelo com xampu, ou seja, passe o condicionador somente nas pontas e não na raiz. Escolha um condicionador para cabelo seco e deixe agir por 1 minuto antes de enxaguar.

Loção de enxágue de lavanda

FAÇA SEU PRÓPRIO
Tratamento
DE
CABELO

A lavanda é ótima para a raiz oleosa, pois ajuda a secá-la. Ao mesmo tempo, é suave o suficiente para não danificá-la. A fragrância deixará você nas nuvens também! É fácil encontrar o óleo essencial de lavanda em farmácias e lojas de produtos naturais.

Você precisa de:

- 3 gotas de óleo essencial de lavanda
- 1 xícara de água morna
- 1 tigela pequena

1. Faça um tônico calmante para seu cabelo confuso: adicione o óleo de lavanda à tigela com água morna (não pode ser quente!).

2. Lave o cabelo com xampu e condicionador normalmente. Em seguida, use a loção de enxágue. Seque o cabelo como de costume.

5 Cabelo muito cacheado ou crespo

Seu cabelo é muito poroso, ou seja, absorve líquido como uma esponja! Cuide dele com delicadeza e mantenha-o hidratado para garantir um brilho saudável e voluptuoso.

Para limpar

Pode ser complicado lavar esse tipo de cabelo, pois é muito denso. Experimente esfregar xampu no cabelo seco, de modo uniforme, em toda a cabeça. É mais fácil do que aplicá-lo nos fios úmidos. Enxágue bem o cabelo depois de lavá-lo.

Para nutrir

Procure condicionadores com queratina, que oferecem uma grande dose de hidratação para amaciar a superfície dos fios. Se não encontrar um produto com queratina, escolha um para cabelo extrasseco. Antes de aplicá-lo, enxugue bem a sua juba com uma toalha, para que a maior quantidade possível de condicionador possa agir no cabelo.

Banho de azeite

FAÇA SEU PRÓPRIO
Tratamento
DE
CABELO

Mate a sede de seu cabelo seco com este tratamento a óleo morno.

Você precisa de:

- 3 colheres (sopa) de azeite
- 1 tigela grande
- 1 tigela pequena
- filme plástico
- 1 toalha velha

1. Encha metade da tigela grande com água quente. Despeje o azeite na tigela pequena e coloque-a dentro da tigela grande para aquecer o líquido em banho-maria. Deixe assim por 10 minutos.

2. Passe o azeite morno no cabelo seco. Em seguida, embrulhe-o com filme plástico e cubra com uma toalha. Relaxe por 10 minutos. O calor abrirá as cutículas dos fios, permitindo a infiltração dos nutrientes. Lave o cabelo com xampu e depois seque normalmente.

Aviso!

O óleo deste tratamento pode deixar a pia ou o chão escorregadios após o enxágue. Então, quando terminar, lave bem o local.

Tudo sobre CABELO

Os zilhões
de produtos, utensílios
e aparelhos para cabelo
à venda podem deixar
a gente um pouco confusa.
Quando se trata de
cabelo, saber é poder.
Então, amplie seu
conhecimento agora!

PRODUTOS... O que faz o quê?

É muito mais fácil deixar o cabelo do jeito que você quer com a ajuda do produto certo. Contudo, não se entusiasme – use apenas o suficiente! Você pode utilizar mais, se necessário, mas se exagerar na quantidade terá que lavar o cabelo e começar tudo de novo.

Gel
É usado para fixar o penteado. Passe nos fios secos para fazer um estilo liso para trás, ou para espetar cabelos curtos. O produto irá manter o look até o cabelo ser lavado. Há também um tipo de gel que cria uma aparência de brilho molhado.

Cera
A cera mantém os fios rebeldes no lugar certo e é perfeita para definir o penteado. Deve ser usada apenas no cabelo seco (nunca nos fios úmidos). Esfregue um pouco do produto nas mãos e depois passe no cabelo. Use os dedos para dar definição às pontas. Para evitar uma aparência oleosa, não use na raiz.

Spray
Está com o penteado do jeito que queria? O spray para cabelo estabiliza as madeixas. Quando estiver satisfeita com o look, mantenha os olhos fechados e borrife um pouco do produto em toda a cabeça. Escolha um tipo de spray leve, que mantém o penteado no lugar sem deixar uma aparência de palha.

Musse modeladora
Este produto deixa os fios armados e com volume. Use uma quantidade do tamanho de uma bola de golfe em cabelos médios; use um pouco menos em cabelos curtos. Em madeixas longas, utilize o equivalente a duas bolas de golfe. Antes de usar o secador, seque o cabelo com toalha e passe um pente nos fios. Seu penteado ficará mais estável e durará mais tempo.

Sérum
Este produto contra o encrespamento transforma fios ásperos em macios instantaneamente. Passar um pouquinho de sérum em mechas longas acalma cabelos volumosos e melhora os cacheados. Use apenas nos fios secos (nunca no cabelo encharcado).

Bálsamo de alisamento
Usar secador de cabelo para alisar fios cacheados ou ondulados pode ser muito trabalhoso. Bálsamos e gel de alisamento ajudam a relaxar os nós e cachos, acalmam os fios e deixam as madeixas macias. Passe um pouco do bálsamo no cabelo úmido antes de secá-lo.

Spray de brilho
Este spray é ótimo para dar um acabamento brilhante ao penteado. Segure a lata do produto a 15 cm do cabelo e borrife duas vezes. Atenção! Use o spray moderadamente em cabelos encaracolados ou crespos.

Ativador de cachos
Use este produto para despertar os cachos e deixar as madeixas definidas e estáveis. O melhor momento de usá-lo é quando o cabelo estiver levemente úmido, antes de secá-lo totalmente.

UTENSÍLIOS...
de qual eu preciso?

Se usar os utensílios certos, você vai conseguir fazer o penteado muito mais fácil e sem danificar o cabelo

Escova raquete
Esta escova tem uma base larga e plana e é ótima para alisar cabelos longos. Elimina a estática dos fios e ajuda a deixá-los brilhantes.

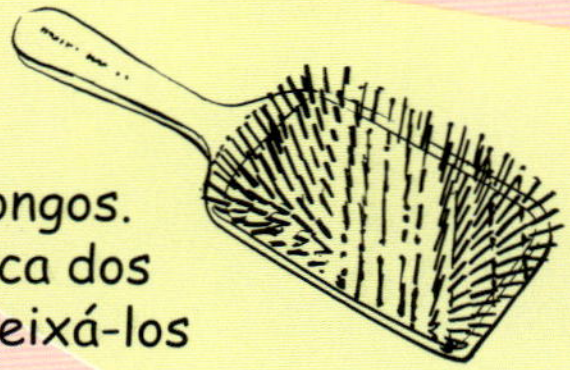

Escova redonda
Versátil, existe escova redonda de vários tamanhos. As maiores são excelentes para alisar o cabelo com secador ou criar ondulações glamorosas, enquanto as menores servem para deixar as pontas dos cabelos com mais movimento ou os cachos definidos.

Escova de base vazada
Para ser usada com o secador de cabelo. Os furos na base da escova permitem que o ar quente circule e, assim, o cabelo seca muito mais rápido.

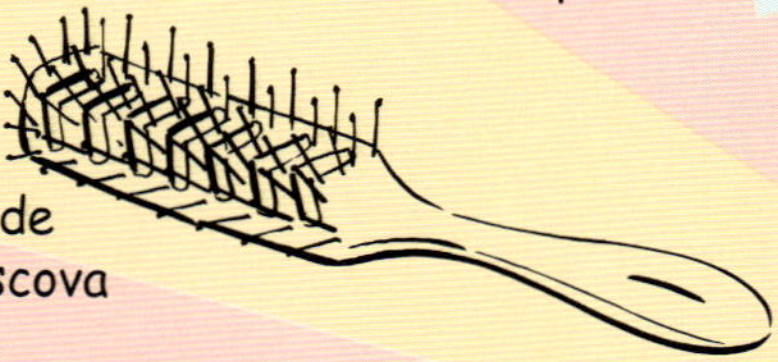

Pente de cabo fino
É um pente comum com um cabo longo e pontudo. Use esse pente para separar o cabelo perfeitamente ou também para dividir mechas quando fizer um penteado.

Pente de dentes largos
O único pente que pode ser usado no cabelo molhado. Use-o para distribuir o condicionador de modo uniforme e diga adeus ao cabelo embaraçado!

Pente garfo
Com poucos dentes, o pente garfo é ótimo para cabelos ondulados, cacheados ou crespos. Use-o para separar os cachos sem encrespá-los.

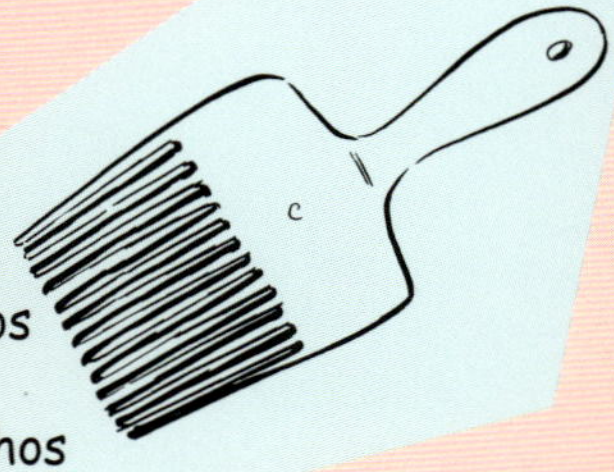

Aparelhos... o que faz o quê?

Todos esses aparelhos esquentam bastante, portanto, use-os com cuidado!

Secador de cabelo
Este aparelho faz muito mais do que secar o cabelo rápido. É possível usá-lo também para deixar suas madeixas mais lisas ou cacheadas. Para alisar, divida e prenda as mechas com grampos e depois trabalhe uma por vez: enrole os fios nas cerdas da escova redonda e, depois, puxe-os bem firme enquanto seca. Para intensificar os cachos ou as ondulações naturais, use o difusor nas mechas.

Chapinha
Use chapinha para deixar as madeixas e ficar com um look glamoroso. Mas antes passe um condicionador leave-in para proteger o cabelo. Depois, alise os fios em mechas: comece perto da raiz e deslize a chapa até as pontas.

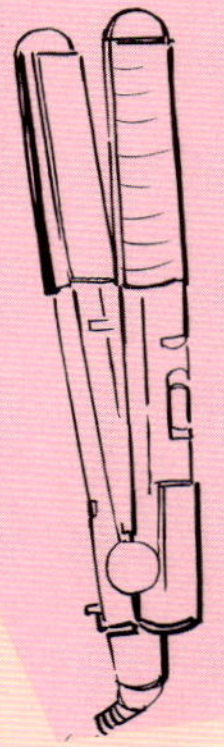

Frisador
O frisador inclui vários acessórios para fazer diferentes tipos de cachos, de delicadas mechas onduladas a encrespadas. Faça o penteado em toda a cabeça ou em "faixas" cacheadas e lisas.

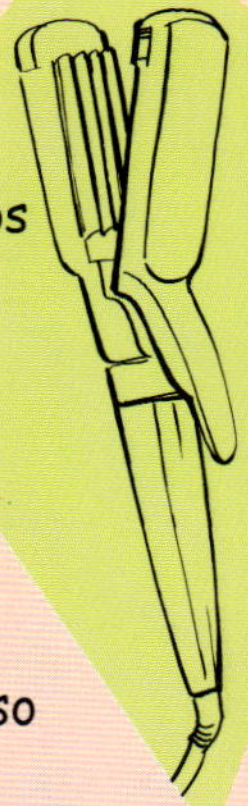

Modelador
Até as garotas de cabelo extraliso podem ter cachos de Rapunzel. Antes de usar um modelador, deixe-o aquecendo em uma superfície resistente ao calor. Quando estiver aquecido (geralmente, há uma luz que indica ligado ou desligado), envolva as mechas pequenas de cabelo no modelador e mantenha-as assim por alguns segundos para criar madeixas perfeitas. Para mais estabilidade, use um pouco de spray para cabelo.

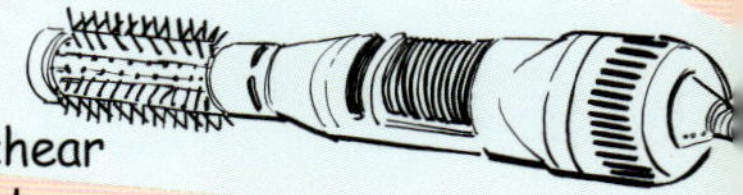

Escova térmica
Maravilhosa para cachear ou alisar cabelos úmidos ou secos. Ótima também para arrumar cabelos opacos, quando você está sem tempo para lavá-los e fazer um penteado. Se tiver um movido a pilha, você pode levar na bolsa e usar sempre que precisar de um trato rápido na juba!

No salão de beleza

Salões de beleza podem ser assustadores – afinal, suas preciosas madeixas estão em jogo! Com tantos cabeleireiros e salões por aí, como escolher o melhor para você? E como ter certeza de que o corte não ficará totalmente diferente do que você tinha imaginado?

Como escolher um salão de beleza?
O melhor jeito é conversar com suas amigas. Pergunte se elas conhecem um salão ou cabeleireiro de que gostem. E também se os profissionais são simpáticos e, acima de tudo, ouvem o que elas querem. Depois, anote as informações dos cabeleireiros que suas amigas recomendaram e ligue para agendar uma "consulta" com eles (veja a página 28 para mais informações). Se estiver na rua e gostar do corte de cabelo de alguém, não hesite: pergunte o endereço do salão que a pessoa frequenta. Ela ficará lisonjeada e você ainda levará vantagem!

ANTES DE IR

Decida claramente o que quer. Folheie revistas e separe todos os cortes que lhe interessarem. Em seguida, coloque-os em cima da mesa e seja sensata. Qual deles realmente ficaria bem para seu tipo de cabelo? Quanto tempo do dia você quer passar cuidando de sua juba? Os cortes funcionam melhor quando combinam com a textura natural do cabelo. Se você tem fios cacheados, não vai conseguir um penteado liso sem muito trabalho, então, pense se quer mesmo depender de chapinha a vida inteira. Melhor excluir os penteados difíceis e levar poucas opções ao salão.

UMA CONSULTA

Depois de escolher um salão, ligue para marcar uma consulta. Isso é apenas uma apresentação inicial antes do grande dia. A vantagem é que você pode sentir primeiro o lugar de graça e só depois gastar seu dinheiro. O cabeleireiro vai analisar a textura do cabelo e perguntar o tipo de look que você deseja.

Então, você mostra para ele as fotos que separou, porque isso é muito mais fácil do que tentar descrever um corte. Ele deve comentar se as suas ideias funcionariam ou não. Não entre em pânico se ele disser que não ficaria bom. Converse um pouco mais e você vai encontrar o look de que gosta e que ele é capaz de fazer.

No dia do corte

Relaxe e aproveite! Seu cabeleireiro sabe o que você quer e é capaz de realizar o corte certo. Contudo, preste atenção ao que está acontecendo durante todo o processo. Se não se sentir à vontade, não tenha medo de dizer sua opinião! Bons profissionais preferem que você fale o que pensa em vez de ficar calada até o fim, infeliz com o corte. Observe como ele seca seu cabelo e finaliza o penteado. Pergunte sobre os produtos que está usando e pegue dicas para conseguir os mesmos resultados em casa. Não tenha receio de anotar as ideias se acha que vai esquecê-las. No fim, você vai ficar feliz por ter feito isso.

Quando for embora

Se estiver contente com o cabelo, diga isso a seu cabeleireiro. Na próxima vez, ele, ou ela, saberá exatamente o estilo que você gosta.

penteados

Nas próximas páginas, descubra penteados para qualquer ocasião e ânimo. Procurando um look informal? Confira "Penteados cotidianos", na página 34. Precisa de algo mais estiloso? Consulte "Penteados para sair", na página 48. Glamour é o que procura? Encontre a solução em "Penteados especiais", na página 62. Cada seção contém dez penteados incríveis, então, com certeza você vair achar tudo o que precisa!

Dica quente

Ficou triste porque o penteado que gostaria de fazer não é indicado para seu tipo de cabelo? Não se preocupe: é para isso que modeladores e secadores existem! Nas páginas 22 a 25, encontre dicas sobre produtos e aparelhos para tornar seu cabelo mais liso ou cacheado. Para secar o cabelo e deixá-lo bem liso com um secador, confira "Simples e chique", na página 59. Depois, volte ao penteado que deseja e comece a fazê-lo!

Símbolos para penteados

Estes símbolos práticos indicam o tipo de cabelo mais adequado para cada penteado. Leia atentamente a seguir e acostume-se com eles para saber que penteados são bons para você.

Que comprimento seu cabelo precisa ter para um penteado dar certo?

Cabelo na altura do queixo ou mais curto.

Cabelo entre o queixo e os ombros

Cabelo mais comprido que os ombros.

E qual é a textura certa?

Cabelo liso.

Cabelo ondulado ou levemente cacheado.

Cabelo bem cacheado ou crespo.

Quem você quer ser hoje?

Seu penteado depende totalmente de como você se sente e do que vai fazer. Talvez você queira um look especial para uma festa ou um evento (sorte sua!), ou algo mais informal para um encontro com os amigos em casa. Para descobrir o look perfeito para você hoje, faça o simples teste a seguir. Quando acabar, volte à primeira pergunta e some os pontos de todas as questões para conferir sua pontuação. Isso definirá a seção de penteados para você. Há dez tipos de penteados em cada seção, então, com certeza você vai encontrar algum que irá amar!

1. Que opção abaixo descreve melhor o que você está vestindo hoje?
   A) Calça e blusa de moletom bem confortáveis.
   B) Calça jeans e uma camiseta estilosa.
   C) Sua saia nova, linda e absolutamente preferida.

2. Aonde você vai hoje?
   A) Apenas para a escola e, mais tarde, uma amiga virá em sua casa.
   B) Para o shopping com a galera toda para fazer muitas compras.
   C) Para casa. Você precisa se arrumar para a festa do ano hoje à noite!

3. Que estilo você gostaria de ter hoje?

A) Bonita e informal. Conforto é a palavra-chave, mas você também quer estar linda!

B) Hippie e relaxada. Você está se sentindo bela e natural.

C) Glamorosa como uma celebridade. Está com vontade de se arrumar e se exibir.

4. Com sede? Que bebida escolheu para hoje?

A) Chocolate quente com marshmallow extra. Que delícia!

B) Uma vitamina cheia de frutas. Saudável e saborosa!

C) Algo um pouco efervescente. Talvez água com gás, suco de cranberry e limão.

5. Você está com vontade de assistir a que filme?

A) Um filme da Disney. Está precisando de algo bonitinho!

B) Algum de aventura, com muito movimento. Você quer ação!

C) Um romance hollywoodiano. Glamour!

Resultado:

Some 1 ponto para cada resposta A, 2 pontos para cada B e 3 pontos para cada C.

De 5 a 8 pontos
Hoje você quer relaxar e ser você mesma. Quer se sentir à vontade, sem perder o estilo. Confira a seção "Penteados cotidianos", na página 34, e escolha um que ficará lindo, independentemente de seu programa!

De 9 a 11 pontos
Está se sentindo poderosa? Você está pronta para exibir sua elegância especial com um penteado que vai fazer sua personalidade brilhar. Veja a seção "Penteados para sair", na página 48, e confira dez looks para uma garota animada como você. Vá em frente e arrase!

De 12 a 15 pontos
Estenda o tapete vermelho! Você está no clima para o glamour e precisa de um penteado deslumbrante como o toque final perfeito. Seja para uma formatura, uma sessão de cinema com alguém especial ou apenas um dia comum que exija um pouco de charme, confira a seção "Penteados especiais", na página 62, e escolha um dos dez looks que farão você brilhar como uma estrela!

PENTEADOS cotidianos

Esses penteados são para os dias comuns e movimentados. São todos maravilhosos para a escola, mas com certeza você vai encontrar um perfeito para a aula de dança, a natação ou outras atividades.

Rebelde bem-arrumado

O mais legal deste penteado é o contraste entre a frente certinha e a parte de trás volumosa. É perfeito para quando você está sem muito tempo para arrumar o cabelo.

INDICADO PARA

Comprimento

Textura

Dica

Uma tiara bonita ajuda a manter o cabelo da frente arrumado e liso.

1. Passe um pouco de gel no cabelo úmido e depois use a ponta de um pente para dividir uma faixa de 5 cm de largura na parte da frente.

2. Divida a faixa no centro e, com um pente garfo, penteie bem liso para um dos lados. Se tiver problemas para deixá-lo lisinho, use grampos para segurar o cabelo rente à cabeça.

3. Amasse o cabelo da parte de trás para ajudar a aumentar o volume natural dos cachos, ou seque os fios usando um secador com difusor.

Tranças grossas

Tranças em cabelos grossos ou bastante cacheados deixam você com um look meigo e lindo. Este penteado é ótimo para fios meio crespos e rebeldes.

INDICADO PARA

Comprimento

Textura

1. Use a ponta de um pente para dividir o cabelo em duas partes, ao meio ou para um lado. Separe-o a partir da frente da cabeça e continue até atrás dela.

2. Divida cada parte em três mechas. Comece a trança cruzando a mecha esquerda sobre a do meio; depois, cruze a mecha direita sobre a do meio.

3. Repita o processo até terminar todo o cabelo. Amarre cada trança com um elástico que combine com a cor dos fios (o elástico ficará praticamente invisível), ou deixe as pontas soltas para um look mais leve.

Rabo de cavalo perfeito

Se você usa o cabelo preso em rabo de cavalo todos os dias, esta é uma maneira fácil de deixar o penteado com uma aparência nova e elegante.

INDICADO PARA

Comprimento Textura

1. Penteie o cabelo para trás e faça um rabo de cavalo alto. Prenda o cabelo com um elástico, deixando solta uma pequena mecha longa embaixo dele.

2. Pegue a mecha e dê três ou quatro voltas ao redor do elástico; verifique se o elástico ficou totalmente coberto.

3. Enfie a ponta da mecha através do elástico, puxando-a para que faça parte do penteado. Alise o rabo de cavalo com um pente.

Presilhas cruzadas

Este penteado é ótimo para cabelos curtos, principalmente quando você está sem tempo de lavar e arrumar.

INDICADO PARA

Comprimento

Textura

1. Aqueça um pouco de cera para cabelo entre as mãos e passe o produto nas mechas.

2. Use a ponta de um pente para dividir o cabelo em três partes: um topo e duas laterais.

3. Penteie o topo para trás e as laterais para baixo. Prenda dois grampos de forma cruzada para segurar o cabelo para trás, ao lado do rosto.

Mechas torcidas

Está deixando a franja crescer? Ou seu cabelo fica caindo nos olhos? Então, este é o penteado para você! Com ele, é possível usar o cabelo solto, mesmo quando as franjas estiverem te enlouquecendo!

INDICADO PARA

Comprimento Textura

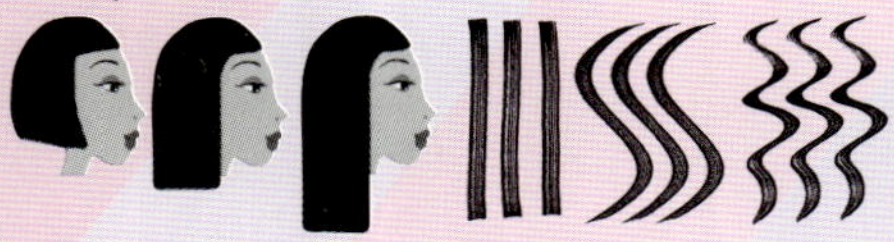

Dica Quente

Se tiver tempo, faça duas mechas torcidas de cada lado!

1. Alise suas madeixas com uma escova (use um pente garfo para cabelo cacheado). Com a ponta de um pente, divida o cabelo ao meio certinho.

2. Pegue um pouco de franja de cada lado e torça cada mecha delicadamente.

3. Prenda as duas juntas para trás com um elástico.

4. Escolha duas presilhas favoritas e prenda na frente de cada mecha torcida. Que lindo!

Enlaçado

Cansada de rabos de cavalo e marias-chiquinhas? Esta variação de penteado, além de fácil de fazer, é duas vezes mais estilosa! Fica maravilhosa com franja e muito bonita sem!

INDICADO PARA

Comprimento Textura

1. Alise o cabelo com uma escova. Em seguida, faça duas marias-chiquinhas baixas e prenda cada uma com um elástico.

2. Passe a ponta de cada maria-chiquinha pelo elástico de novo, sem puxar tudo desta vez.

3. Ajuste o tamanho dos dois lados com os dedos, para ficarem iguais.

Dica

Antes de puxar as marias-chiquinhas pela segunda vez, torça um pouco cada uma para ficar com um look mais certinho.

Coque cigano

Garotas com jeitinho hippie, prestem atenção! Este penteado fica lindo com saia longa e leve, ou com jeans descolado e top básico. É um look perfeito para dias relaxantes de verão.

INDICADO PARA

Comprimento

Textura

1. Junte para trás o cabelo da parte superior da cabeça e amarre-o com um elástico.

2. Torça o rabo de cavalo até enrolar naturalmente.

3. Em seguida, enrole o cabelo em um coque.

4. Prenda as pontas com grampos para dentro do coque. Puxe alguns fios soltos para deixar o look leve.

Trança tipo corda

Tranças comuns estão ultrapassadas! Por que escolher o óbvio se esta nova trança é tão fácil? Em cabelos lisos, faça este penteado em fios úmidos e, no dia seguinte, terá madeixas maravilhosamente onduladas. São dois penteados pelo preço de um!

Dica

Este penteado fica melhor em cabelos com pontas do mesmo comprimento.

INDICADO PARA

Comprimento	Textura

1. Penteie o cabelo para trás e prenda-o em um rabo de cavalo baixo com um elástico. Agora, divida-o em três mechas iguais. Penteie para alisar.

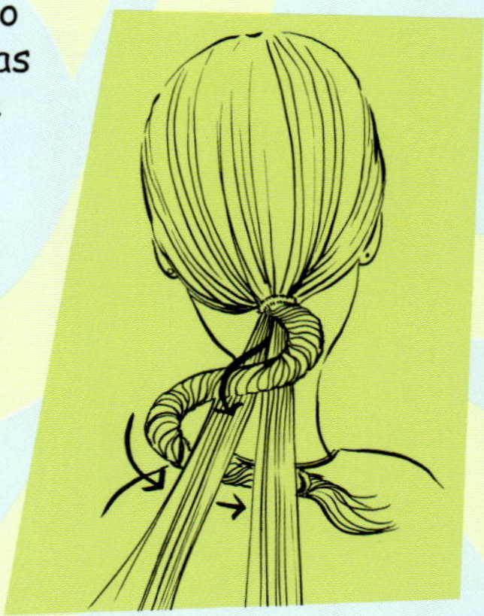

2. Torça a mecha direita para a direita. Em seguida, passe esta mecha por cima das outras duas e depois puxe por baixo delas de volta à direita.

3. Faça o mesmo com as mechas do meio e da esquerda.

4. Repita as etapas 2 e 3 em todo o cabelo. Prenda a trança com um elástico bonito.

Maria-chiquinha bonitinha

Este penteado é perfeito para quem quer prender o cabelo e ao mesmo tempo ficar com um look estiloso.

INDICADO PARA

Comprimento	Textura

1. Use a ponta de um pente para dividir o cabelo ao meio. Em seguida, faça uma maria-chiquinha comum, prendendo-a com elásticos. Escove o cabelo (use um pente garfo para cabelos cacheados).

2. Amarre outro elástico na metade de uma das partes e finalize com outro elástico nas pontas.

3. Faça o mesmo com a outra parte, verificando se a distância entre os elásticos está igual dos dois lados (para cabelos bem longos, prenda mais elásticos em distâncias iguais nas duas partes).

Dica Quente

Use elásticos da mesma cor na maria-chiquinha ou misture as cores para um look original!

Birote elegante

Excelente para quem tem cabelos abaixo da altura dos ombros. As garotas de cabelos ondulados ou cacheados devem torcer a maria-chiquinha bem forte antes de prendê-la.

INDICADO PARA

Comprimento

Textura

1. Use a ponta de um pente para dividir o cabelo ao meio. Faça uma maria-chiquinha comum, prendendo-a com elásticos.

2. Torça a primeira maria-chiquinha até começar a enrolar naturalmente. Em seguida, faça um nó com o cabelo (como faria com uma corda), segurando a maria-chiquinha o mais próximo possível do elástico.

3. Enrole o restante da maria-chiquinha em volta do nó e prenda as pontas com grampos para dentro do nó. Use mais grampos para fixar, até ficar firme. Faça o segundo birote da mesma forma.

Dica Quente

Enfeite os birotes com elásticos decorados e coloridos, flores ou grampos com pedrinhas brilhantes para torná-los realmente especiais.

PENTEADOS para sair

Os penteados a seguir vão deixar você com um look informal, mas estiloso. É possível usá-los para ir ao shopping, ao cinema e até mesmo a uma festa. Seu penteado de fim de semana nunca mais será o mesmo!

Tranças punks

Este penteado é tão lindo quanto tranças no cabelo todo, mas é muito mais rápido de fazer.

INDICADO PARA

Comprimento

Textura

1. Escove o cabelo para deixá-lo liso (use um pente garfo para cabelos cacheados). Em seguida, use a ponta de um pente para dividir o cabelo ao meio.

2. Deixe solto um terço do cabelo da parte inferior e amarre o restante em um rabo de cavalo alto, para tirá-lo do caminho.

3. Divida o cabelo solto em seis mechas, três de cada lado. Amarre as mechas para que não se misturem.

4. Faça uma trancinha bem apertada com cada mecha, parando a 5 cm antes das pontas. Amarre cada ponta com um elástico pequeno e depois use presilhas grandes e pesadas na ponta de cada trança para deixá-las lindas!

5. Solte o rabo de cavalo e, segurando os fios longe do couro cabeludo, penteie e alise o cabelo. As trancinhas vão aparecer debaixo de suas madeixas soltas.

Mechas torcidas e cachos

Uau! Este penteado diferente combina mechas torcidas, super na moda, com seus cachos naturais.

INDICADO PARA

Comprimento

Textura

1. Escove o cabelo para trás (use um pente garfo para cabelos muito cacheados ou crespos). Em seguida, use um pente de cabo fino para dividir a parte da frente em seis tiras iguais.

2. Torça para trás uma tira de cada vez, pegando o cabelo de um dos lados.

3. Amarre a ponta de cada mecha torcida com um elástico pequeno e depois prenda cada uma com grampos, passando pelo elástico. Deixe 5 cm de cabelo para fora, na parte de trás.

4. Umedeça os fios da parte de trás da cabeça com água e use um secador com difusor acoplado (se tiver um) para secar o cabelo e deixá-lo o mais cacheado possível!

Mil acessórios!

Escolher apenas um acessório de cabelo? Nem pensar! Com este penteado simples, você pode exibir todos os seus grampos e fivelas preferidos de uma só vez! Fica maravilhoso, principalmente em cabelos bem lisos.

INDICADO PARA

Comprimento Textura

1. Antes de começar, seque o cabelo com um secador para deixá-lo superliso e sem nós. Faça isso por partes, puxando bem cada mecha sobre uma escova redonda para conseguir um bom resultado.

2. Use a ponta de um pente para dividir o cabelo ao meio ou para o lado. A divisão deve estar bem reta e arrumada.

3. Agora, a parte divertida! Pegue alguns de seus grampos e fivelas favoritos. Escolha onde quer posicioná-los e depois prenda de cima para baixo. Deixe o outro lado liso e solto para contrastar.

Mechas longas e torcidas

Este é um ótimo jeito de ficar com um look descolado quando você quiser suas madeixas soltas.

INDICADO PARA

Comprimento

Textura

1. Use a ponta de um pente para dividir o cabelo ao meio. Alise suas madeixas com uma escova.

2. Divida o cabelo em três mechas de 2,5 cm de largura, para qualquer lado da cabeça, e escove cada uma para deixá-las lisas e retas. Prenda as mechas para baixo para que fiquem arrumadas, enquanto faz o penteado.

Dica Quente

Personalize o penteado usando fivelas coloridas para prender uma ou duas mechas torcidas na altura das têmporas.

3. Solte a primeira mecha e divida-a em duas partes. Torça apenas a primeira metade e prenda a ponta com um elástico. Faça o mesmo com a outra metade.

4. Agora, torça as duas metades juntas. Tire o elástico das duas pontas e, usando um elástico pequeno, prenda uma única ponta com as duas mechas torcidas. Repita o processo com as outras mechas.

Birotes bem fofos

Às vezes, é difícil lidar com cabelos cacheados. Acabe com a tristeza dos dias de cabelo rebelde usando esses birotes bonitos e altos. É também uma excelente opção para garotas de cabelo liso bem grosso.

Dica

Não se preocupe em fazer birotes muito apertados: eles devem ficar grandes e fofos!

INDICADO PARA

Comprimento

Textura

1. Puxe todo o cabelo para trás, longe do rosto, e divida-o em dois rabos de cavalo, para os dois lados da cabeça. Prenda-os com elástico.

2. Faça uma trança com um rabo de cavalo e depois enrole ao redor do elástico.

3. Prenda a trança na posição certa com grampos. Repita o mesmo processo com o outro rabo de cavalo.

Cores incríveis

Até que enfim! Agora é possível brincar com cores sem usar tintura em suas madeixas preciosas. Estes apliques podem ser usados várias vezes em cabelos de qualquer comprimento. Como é que você pôde viver sem eles?

INDICADO PARA

Comprimento Textura

1. Escolha alguns apliques de cabelo coloridos em uma loja de cosméticos. Procure aqueles com presilhas, em vez dos apliques com cola. Depois, corte-os do tamanho certo para você.

2. Alise o cabelo com uma escova. Prenda um terço da parte de cima como um rabo de cavalo alto, para separá-lo.

3. Siga as instruções de uso do pacote do aplique. Prenda o primeiro o mais perto possível do couro cabeludo. Você deve ouvir o "clique" da presilha antes de fixar os próximos.

4. Depois de prender a quantidade de apliques que quiser, solte o rabo de cavalo. Para não mexer nos grampos, segure os fios longe do couro cabeludo, penteie e alise o cabelo. Arrume as madeixas de modo que as cores apareçam.

Tererês

Use linhas coloridas para enfeitar seus cabelos. Tererês duram pelo menos três dias e, depois, você pode escolher outras cores e começar tudo de novo. Como é difícil fazer esse penteado sozinha, por que não convida uma amiga para vocês fazerem o cabelo uma da outra?

INDICADO PARA

Comprimento

Textura

1. Para fazer tererês, é preciso ter linhas de bordado, que podem ser compradas em qualquer loja de artigos de artesanato ou costura. Escolha três cores e corte fios de 61 cm de comprimento cada.

2. Use a ponta de um pente de cabo fino para separar uma pequena mecha de cabelo para o tererê (pegue os fios próximos do rosto para ficar bem aparente!). Amarre as três linhas coloridas juntas e prenda-as na parte de cima da mecha, com um nó bem firme.

3. Enrole um dos fios em volta do nó para escondê-lo e, depois, continue enrolando a linha pela mecha, de cima para baixo.

Você deve enrolar essa linha ao redor das duas outras e do cabelo.

4. Após enrolar 5 cm da mecha, escolha uma outra linha. Enrole-a bem firme ao redor das outras linhas e do cabelo. Continue o mesmo processo com as cores diferentes, até chegar à ponta da mecha. Daí, amarre as linhas o mais firme possível em volta do tererê. Com cuidado, corte o excesso de linha usando uma tesoura.

Dica Quente

Quanto mais firme as linhas forem enroladas, mais tempo o tererê vai durar.

Mechas poderosas

É preciso usar um modelador para conseguir este maravilhoso look meio cacheado, meio liso.

INDICADO PARA

Comprimento	Textura

1. Este penteado é bem sofisticado e arrumado, então comece usando um secador de cabelo para deixar os fios totalmente lisos. Em seguida, use a ponta de um pente para dividir o cabelo de um lado.

2. Faça cachos no cabelo apenas do meio para baixo, com um modelador. Para isso, pegue uma mecha e a encaixe no aparelho, deslizando o modelador para baixo até aproximadamente 10 cm das pontas. Gire o aparelho para cima, até o nível dos olhos, mantendo as pontas do cabelo retas. Repita o processo com as outras mechas, até fazer todo o cabelo.

3. Para deixar seus lindos cachos estáveis, mas sem que fiquem pesados, finalize usando spray em vez de cera.

Simples e chique

Este look sofisticado é perfeito para quando você quer mais atenção para seu rosto e sua roupa. Para isso, nada melhor do que cabelos bem arrumados e com brilho!

INDICADO PARA

Comprimento	Textura

1. Lave o cabelo e seque com toalha para deixá-lo úmido (não encharcado). Passe um pouco de bálsamo de alisamento pelos fios e penteie suas madeixas com um pente de dentes largos para garantir que o produto seja bem distribuído.

2. Separe o cabelo em seis mechas, três na parte de cima da cabeça e três na de baixo. Prenda cada mecha com uma presilha (é assim que os cabeleireiros secam os cabelos perfeitamente). Enrole uma das mechas de baixo em uma escova redonda e grande, fazendo escova para dentro e puxando firme. Seque completamente com secador. Repita o processo com as outras mechas de baixo e, depois, com as de cima.

3. Após terminar todas as mechas, passe uma escova raquete pelo cabelo e finalize com um pouquinho de spray intensificador de brilho. Impecável!

Dica

Direcione o fluxo de ar quente do secador para baixo. Isso deixa o look com o máximo de brilho e perfeição.

Torcido para trás

Este é um novo jeito de deixar apenas metade do cabelo preso. O penteado ficará mais bonito e bem-arrumado se alguém ajudá-la. Afinal, para que servem os amigos?

INDICADO PARA

Comprimento

Textura

1. Alise o cabelo com uma escova. Pegue uma pequena mecha da parte superior do meio da cabeça e torça-a para a direita. Em seguida, pegue outra mechinha do lado esquerdo e passe por cima da mecha do meio. Torça as duas juntas algumas vezes.

2. Agora, pegue uma mechinha do lado direito e passe por baixo da mecha do meio. Torça as duas juntas algumas vezes.

3. Continue o mesmo processo até o comprimento desejado: separe uma mechinha de cada lado por vez e torça-a com a mecha do meio. Quando estiver contente com o comprimento do penteado, pegue uns fios de cabelo liso debaixo da mecha torcida e enrole em volta dela, como se fosse uma faixa. Prenda essa pequena faixa de cabelo à mecha torcida com um elástico.

Dica

O look vai durar mais tempo em cabelo que esteja sem lavar há um ou dois dias, pois a oleosidade natural das madeixas ajuda a manter o penteado.

PENTEADOS especiais

Precisa de algo mais glamoroso para um evento especial? Então, esta é a seção certa para você! Todos os penteados daqui são deslumbrantes e tornam sua roupa mais simples um arraso! Acredite, vale a pena!

Cachos femininos

Seu cabelo é liso e você sonha em ter cabelos cacheados? Aqui está a solução para você! Se suas madeixas são superlisas, seque os fios com uma toalha, passe musse neles com um pente e depois use um modelador.

Dica

Para os cachos durarem mais, passe um jato de ar frio do secador neles.

INDICADO PARA

Comprimento Textura

1. Use a ponta de um pente para dividir o cabelo ao meio. Depois, alise suas madeixas com uma escova.

2. Enrole mechas de cabelo em volta de um dos dentes do modelador. Em seguida, enrole-as de trás para a frente no outro dente, formando um oito. Mantenha o aparelho distante do couro cabeludo.

3. Prenda uma fivela bonita abaixo de cada orelha para segurar os cachos longe do rosto.

Coque lateral leve

Para um look com toque elegante, faça este coque simples e descontraído. Escolha um enfeite para ele que combine com a situação – descolado, esportivo, formal... O que preferir!

Dica

Para um look mais arrumado e preso, torça o rabo de cavalo até a ponta antes de enrolar o coque.

INDICADO PARA

Comprimento

Textura

1. Alise o cabelo com uma escova (use um pente garfo para cabelos muito cacheados ou crespos).

2. Com a ponta de um pente, divida a maior parte do cabelo para um lado da cabeça. Faça um rabo de cavalo atrás da orelha do lado oposto e prenda-o com um elástico.

3. Torça o rabo de cavalo até que comece a enrolar naturalmente. Em seguida, faça um coque meio solto com ele.

4. Prenda o cabelo com grampos passando por todos os lados do coque. Use um enfeite estiloso em volta dele para dar um toque pessoal.

Soltinho atraente

Este é um penteado elegante e muito fácil, que dá um toque de classe a cabelos curtos e médios. É também perfeito para quando você não tiver tempo de lavar suas madeixas (segredinho!).

INDICADO PARA

Comprimento

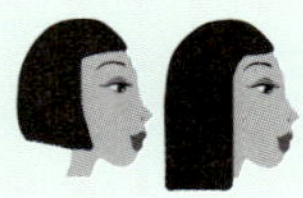

Textura

1. Passe uma boa quantidade de gel no cabelo usando um pente de dentes largos para garantir que espalhe de modo homogêneo nos fios.

2. Use a ponta de um pente para dividir o cabelo certinho para o lado. A divisão deve estar bem reta e arrumada — este é um look elegante!

3. Seque o cabelo com um secador usando uma escova redonda e grande para deixá-lo bem liso, enrolando as pontas para fora.

4. Quando o penteado estiver totalmente seco, borrife um pouco de spray para cabelo nas pontas para durar mais tempo.

Cachos torcidos

É muito simples fazer este penteado, que exibe toda a beleza de cabelos cacheados e crespos. **Amo estes cachos!**

Dica

Há grampos de diversas cores para combinar com seu cabelo. Eles ficarão praticamente invisíveis se você usar a cor certa.

INDICADO PARA

Comprimento / Textura

1. Divida o cabelo em três mechas usando a ponta de um pente. Cada mecha deve ter duas partes: uma na frente da cabeça e outra, atrás.

2. Torça a parte da frente de cada mecha, prendendo cada uma com grampos. Deixe o cabelo da parte de trás solto.

3. Amasse os fios da parte de trás para aumentar o volume natural dos cachos. Se quiser ainda mais volume, seque o cabelo usando um secador com difusor acoplado.

Flores em você

Aloha! Este penteado romântico, com cara de verão, deixa seu look com um charme havaiano. É perfeito para uma festa na praia, um churrasco ou até mesmo um luau!

Dica Quente

Complete o penteado havaiano alisando os fios com manteiga de cacau. Passe só um pouquinho do produto nas mechas torcidas para ficarem com mais brilho e um perfume tropical.

INDICADO PARA

Comprimento | Textura

1. Alise suas madeixas com uma escova (use um pente garfo para fios muito cacheados ou crespos). Com a ponta de um pente, divida o cabelo ao meio; em seguida, divida ao meio novamente, para ficar com quatro partes. Prenda as mechas com grampos para que fiquem arrumadas enquanto faz o penteado.

2. Solte uma mecha e torça-a delicadamente para trás, juntando os fios de trás enquanto torce. Quando chegar no topo da parte de trás da cabeça, pare e prenda a mecha torcida com um elástico pequeno. Repita o processo com as outras mechas.

3. Decore o penteado com flores naturais, prendendo-as com grampos. Elas não duram muito, então, deixe-as em uma vasilha com água até a hora de usá-las. Senão, use flores artificiais. Afinal, quem vai perceber a diferença?

Dividido e elegante

Quer um look bem especial para seu cabelo curto? Este é um penteado fácil e rápido, perfeito para convites de jantar de última hora!

Dica Quente

Enfeite o penteado com grampos coloridos ou com uma fivela brilhante.

INDICADO PARA

Comprimento

Textura

1. Passe com os dedos uma boa quantidade de gel no cabelo para garantir que se espalhe de forma homogênea nos fios.

2. Com a ponta de um pente de cabo fino, divida o cabelo certinho para um lado.

3. Coloque suas madeixas atrás das orelhas. Passe as mãos nas laterais para deixar o cabelo liso e com brilho. Seque com um secador para estabilizar o penteado.

Ondulado e glamoroso

É quase impossível ter um penteado mais glamoroso do que este! É muito fácil de fazer em cabelos médios e longos. É preciso usar bobes grandes com velcro, à venda em farmácias e lojas de produtos de beleza.

INDICADO PARA

Comprimento Textura

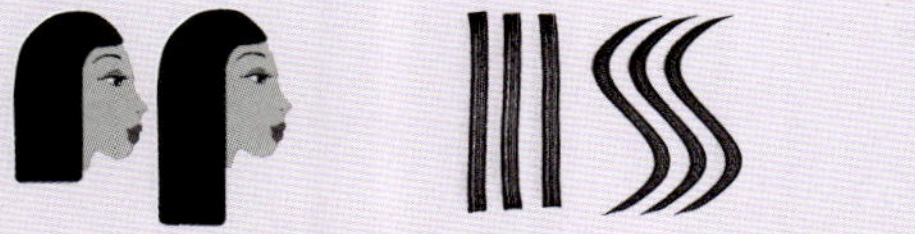

1. Lave o cabelo e seque com uma toalha. Depois, deixe-o solto por 10 minutos para continuar secando naturalmente. Os fios devem ficar úmidos, não encharcados.

2. Penteie o cabelo e divida-o ao meio ou para o lado. Em seguida, separe-o em três mechas para baixo: uma na parte de trás e uma em cada lado da cabeça.

3. Divida cada mecha em três ou quatro camadas e enrole cada uma bem apertada em um bobe (a quantidade de mechas e camadas depende do seu tipo de cabelo: quanto mais grosso, mais delas serão necessárias). Enrole algumas camadas para cima e outras para baixo, para o look ficar natural. Os bobes com velcro seguram o cabelo, então não é preciso usar grampos.

4. Quando todo o cabelo estiver enrolado, seque com um secador até que esteja completamente seco. Retire os bobes com cuidado, separando com os dedos as mechas onduladas.

5. Borrife um pouco de spray de cabelo para estabilizar o penteado. Contudo, use apenas o suficiente — muito spray pode estragar as mechas onduladas!

Coque espetado

Esta é uma variação charmosa para o coque clássico. As garotas de cabelo bem longo talvez precisem enrolar o rabo de cavalo algumas vezes para que as pontas do coque fiquem espetadas.

INDICADO PARA

Comprimento	Textura

1. Alise bem o cabelo com uma escova e, em seguida, faça um rabo de cavalo alto e prenda com um elástico.

2. Torça o rabo de cavalo até que enrole naturalmente em volta de si mesmo. Quando começar a parecer uma corda apertada, pare de torcer. Com cuidado, dê um nó no cabelo (como faria em uma corda). Tente fazer o nó o mais próximo possível do elástico. Deixe as pontas espetadas para fora, no meio do coque.

3. Prenda o coque com muitos grampos.

Dica Quente

Enfeite seu penteado espetado com palitos de cabelo. Enfie um palito de cada lado do coque, formando um xis.

Véu de rabo de cavalo

Este penteado romântico parece complicado, mas é muito simples de fazer. O segredo é ter o cabelo todo do mesmo comprimento — o resultado não será o mesmo para cabelos em camadas.

INDICADO PARA

Comprimento

Textura

1. Alise bem o cabelo com uma escova. Penteie todo para trás, sem dividi-lo. Use a ponta de um pente para separar o cabelo da parte da frente em três mechas iguais. Prenda cada uma com um elástico.

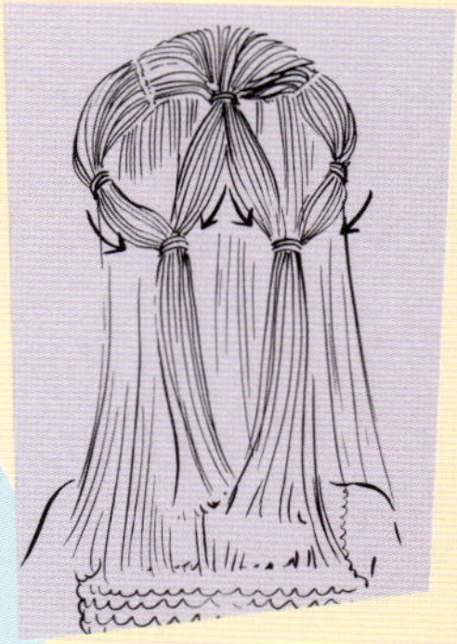

2. Divida a mecha do meio em duas. Junte a metade da direita com a mecha direita e prenda com um elástico. Junte a metade da esquerda com a mecha esquerda e amarre também com um elástico.

3. Junte as duas mechas em um único rabo de cavalo grosso e prenda com um elástico.

Alto e chique

Acha que não existe penteado para realçar a beleza de cabelos finos? Você se enganou! Aqui está a melhor sugestão para madeixas pouco volumosas.

Dica Quente

Quando terminar o penteado, passe um pouco de spray cintilante para cabelo e fique com um brilho de conto de fadas!

INDICADO PARA

Comprimento	Textura

1. Alise o cabelo com uma escova e, em seguida, faça um rabo de cavalo alto e prenda com um elástico. Para um look mais romântico, torça levemente algumas mechas pequenas antes de puxá-las para trás.

2. Pegue um pouco de cabelo do rabo de cavalo e torça até começar a enrolar.

3. Quando isso acontecer, faça um laço para cima e prenda a ponta solta perto do elástico com um grampo. Repita o processo com o restante do rabo de cavalo, até que esteja todo enlaçado e preso como um todo na parte de cima da cabeça

4. Use as pontas dos dedos para bagunçar um pouquinho os laços de cabelo e depois puxe de leve algumas partes para deixar mais soltos os fios da frente e dos lados. Assim o look fica mais delicado.

Socorro! Meu cabelo!

Há dias em que nada faz o cabelo ficar bom. Você sabe como é: sempre que nos olhamos no espelho, ficamos horrorizadas! Contudo, não é porque você está passando por um dia de cabelos rebeldes que deve colocar um boné e esquecer tudo! Encontre aqui algumas dicas para salvar os dias assim. Para cada problema, há uma solução mágica!

Oleosamente liso

Socorro! Você acordou sem tempo para lavar as madeixas antes de sair de casa. O pior é que o cabelo está opaco e oleoso!

Experimente polvilhar talco nas raízes e escovar os fios com cuidado até remover todo o produto. O talco age como milhares de miniesponjas, absorvendo o óleo em excesso. Outra solução rápida é fazer um rabo de cavalo alto e lavar e secar apenas a franja. Este truque costuma renovar todo o penteado.

Verde-piscina

Cabelos loiros podem ficar com um tom esverdeado depois de banhos de piscina. O vilão é o cloro, produto usado para manter a água da piscina limpa, que pode causar um efeito estranho nos cabelos claros. Mas é fácil resolver esse problema: passe uma boa quantidade de ketchup (aproximadamente 1 xícara) no cabelo úmido, deixe agir por 10 minutos e enxágue completamente. Isso removerá o tom esverdeado e trará de volta a linda cor natural dos fios. Ah, e da próxima vez use uma touca para nadar!

Fios elétricos

Garotas de cabelos finos podem sofrer mais com fios esvoaçantes, principalmente quando o clima está seco. As madeixas podem ficar sobrecarregadas e com vida própria!

Da próxima vez em que precisar domar seus cabelos, tente este truque simples: umedeça a escova antes de penteá-los. Você também pode usar um finalizador nos fios, que mantém os cabelos comportados.

Dupla personalidade

Se seu cabelo está mais crespo que o normal, preste bastante atenção nestas dicas. Ele pode estar com pontas duplas, o que significa literalmente que as pontas dos fios se dividiram em duas. Isso acontece nos cabelos danificados e secos. Mas com alguns cuidados suas madeixas ficarão revigoradas, lindas e com muito brilho.

Talvez você não queira ouvir isso, mas aparar as pontas pode ser a única solução. Na verdade, cortar o cabelo a cada seis semanas ajuda a mantê-lo saudável para continuar crescendo. Os produtos que prometem tratar o problema apenas juntam as pontas duplas temporariamente.

Emaranhado sem vida

Seu cabelo parece estar deprimido, sem vitalidade nem brilho. O que aconteceu com as madeixas saudáveis e lindas que você amava?

Geralmente, fios opacos são um sinal de que há muitos resquícios acumulados em seu cabelo. Quando muitos resíduos ficam nos fios, é mais difícil a luz refletir o brilho natural. Para nossa sorte, existe uma loção simples criada especialmente para cuidar desse problema. Misture 2 colheres (sopa) de vinagre branco com 1 xícara de água morna. Após lavar o cabelo com xampu, passe a mistura nos fios e enxágue imediatamente. Em seguida, use o condicionador normalmente.

Faça seus próprios Acessórios

Agora que você pode experimentar tantas opções fabulosas de penteado, por que não tentar fazer alguns enfeites estilosos para dar um toque final? Em perfumarias, há muitos acessórios simples e baratos que podem ser transformados em enfeites personalizados. Dê uma volta no shopping para se inspirar e depois solte a criatividade!

Qual é o seu estilo pessoal?

Agora que você está com o cabelo saudável e lindo e pode escolher várias opções de penteados fabulosos, é o momento de criar alguns acessórios estilosos. Por que comprar sempre os mesmos nas lojas, quando você pode ter enfeites personalizados? Descubra seu estilo pessoal neste teste simples e, em seguida, vire a página e divirta-se! E, enquanto está com as mãos na massa, por que não aproveita e faz um para sua amiga também?

1. Seu armário de roupas está lotado de:
   A) Calças cargo e camisetas — você gosta de um look informal, mas elegante.
   B) Vestidinhos e saias da moda.
   C) Moletons de todos os tipos — são tão confortáveis!

2. Qual é a impressão mais forte que as pessoas têm de você quando acabam de conhecê-la?
   A) Seu estilo sofisticado.
   B) Sua atitude realista.
   C) Suas habilidades esportivas incríveis.

3. Qual é a sua matéria preferida na escola?
   A) Educação física. Você é muito mais feliz quando está se movimentando ao ar livre.
   B) Teatro. É a sua oportunidade de demonstrar todo o seu talento para representar.
   C) Inglês. Você se diverte escrevendo poesia e histórias.

4. O que é uma noite de diversão perfeita para você?

A) Jantar em um restaurante requintado e fabuloso com a pessoa por quem está apaixonada.
B) Assistir a um filme e fofocar com seus melhores amigos.
C) Participar de um jogo de futebol com os melhores jogadores de sua equipe.

5. O que costuma vestir para dormir?

A) Uma longa camisola tão linda que quase serviria para ir a uma festa de formatura.
B) O velho pijama quentinho e macio. Quem liga para o desenho de ursinho quando a roupa é tão confortável?
C) Shorts e uma camiseta grande e leve.

6. O garoto dos seus sonhos é:

A) Um vizinho bonitinho com quem é fácil conversar.
B) Um cara muito lindo e estiloso.
C) O capitão do time de futebol. Ele precisa estar em forma para acompanhar o seu pique!

Resultado:

Agora, some os seus pontos:

1. A (1), B (3), C (2)
2. A (3), B (1), C (2)
3. A (2), B (3), C (1)
4. A (3), B (1), C (2)
5. A (3), B (1), C (2)
6. A (1), B (3), C (2)

De 6 a 10 pontos
Seu estilo é clássico e tranquilo. Você gosta de acessórios que não saem rápido da moda e que podem ser usados com milhares de roupas.

De 11 a 14 pontos
Para você, é mais importante estar simples e confortável do que muito glamorosa. Você adora cores vivas e acessórios esportivos e alegres.

De 15 a 18 pontos
Você adora se exibir e se destacar na multidão. Seu estilo é cheio de brilho e glamour, com acessórios extravagantes.

Enfeite com flores

Quer algo bonito para enfeitar o rabo de cavalo ou o coque perfeito? Vá até o shopping ou loja de material de artesanato mais próxima e procure por flores de tecido. Elásticos, grampos, pentes... todos podem ser enfeitados com flores! E, quando enjoar delas, é só trocá-las por novas!

Prendedor floral

Este acessório romântico prende o cabelo para cima e é perfeito para uma festa ou balada de verão. E em poucos segundos seu look estará pronto!

Você precisa de:

- 1 elástico de cabelo com enfeite de flor
- 1 prendedor de cabelo simples

1. Ok, isso pode ser trapaça... mas é tão fácil de fazer e fica deslumbrante! Simplesmente amarre o elástico decorado em volta do prendedor. Pronto! Você tem um acessório com flores!

ELÁSTICOS DECORADOS

Com tantas cores de elástico disponíveis, com certeza você vai encontrar um que combine com sua roupa. Dedique um minuto para adicionar algumas flores de tecido e você vai ter um belo e delicado enfeite de cabelo.

Você precisa de:

- 10 miniflores de tecido em fios de arame (disponíveis em lojas de material de artesanato)
- 2 elásticos de cabelo

1. Escolha pequenas flores de tecido que combinem com a cor dos elásticos. Amarre algumas flores juntas e torça os fios de arame em volta do elástico para segurar as flores. Repita o processo com o outro elástico.

Brilho e cintilante

Você acha que precisa gastar uma fortuna para enfeitar o cabelo com fivelas e grampos brilhantes? Está enganada! Estes acessórios cintilantes custam quase nada e são feitos num piscar de olhos.

PRESILHAS COM PAETÊS

Paetês autoadesivos dão um rápido toque original a presilhas comuns. Aqui, utilizamos paetês prateados e dourados, mas você pode usar a cor que quiser.

Você precisa de:

- presilhas de metal
- paetês (ou apliques) autoadesivos

1. Retire o papel protetor dos paetês autoadesivos e cole-os na parte larga e plana de cada prendedor. *Voilà!*

GRAMPOS COM GLITTER

Dica

Proteja a superfície de trabalho com jornal antes de salpicar glitter sobre os grampos.

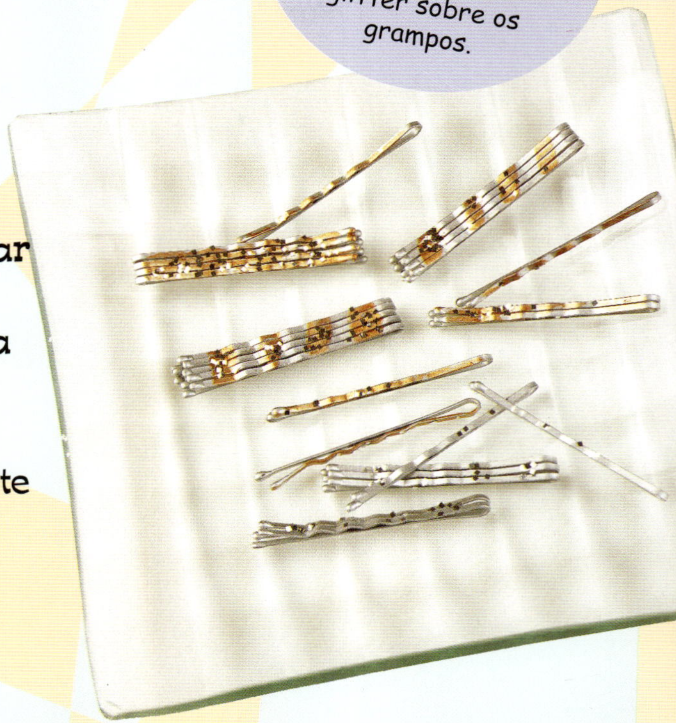

Você só precisa de esmalte dourado e glitter para transformar grampos simples em enfeites cintilantes para o cabelo. Lembre-se apenas de deixar o esmalte secar totalmente antes de usar esses acessórios!

Você precisa de:

- grampos prateados
- cartolina ou papel-cartão
- esmalte dourado
- glitter

1. Arranje os grampos em linha reta em um papel-cartão ou cartolina.

2. Pinte faixas de esmalte dourado nos grampos.

3. Salpique glitter no esmalte úmido e deixe secar.

4. Quando estiver seco, segure o papel-cartão ou a cartolina para cima e chacoalhe delicadamente para soltar o excesso de glitter.

Acessórios com miçangas

Nestes projetos, as miçangas são costuradas ou coladas em acessórios comuns para transformá-los em lindos enfeites, parecidos com os de estilistas. Há miçangas de vários tamanhos e formas, então será fácil encontrar alguns do seu gosto.

Faixa de cabelo estilosa

O melhor lugar para encontrar sobras de tecido e pérolas falsas para esta faixa de cabelo personalizada é a loja de material de artesanato local.

Você precisa de:

- 1 faixa de cabelo de tecido
- flores de sobra de tecido
- pérolas falsas
- cola de tecido
- linha de costura
- 1 agulha de costura
- 1 tesoura

1. Escolha flores de sobra de tecido e pérolas que combinem com a cor da faixa de cabelo e arranje os enfeites no tecido, como na foto ao lado.

2. Passe um pouco de cola de tecido atrás de cada flor e pressione na faixa de cabelo, nos locais escolhidos. Deixe secar da noite para o dia.

3. Costure as pérolas em grupos de três na faixa, como na foto ao lado.

Tiara com diamante

Você vai se sentir o máximo com essa tiara enfeitada de pedrinhas brilhantes, e vai gastar o mínimo para fazer uma. Afinal, os diamantes são os melhores amigos de uma garota!

Você precisa de:

- 1 tiara
- diamantes de plástico de base plana
- cola de tecido
- pedrinhas de cristal autoadesivas
- pedrinhas de coração autoadesivas

1. Passe um pouco de cola atrás de cada diamante e pressione na tiara, nos locais escolhidos. Deixe secar da noite para o dia.

2. Arranje as pedrinhas de cristal e coração autoadesivas ao redor dos diamantes e prepare-se para arrasar!

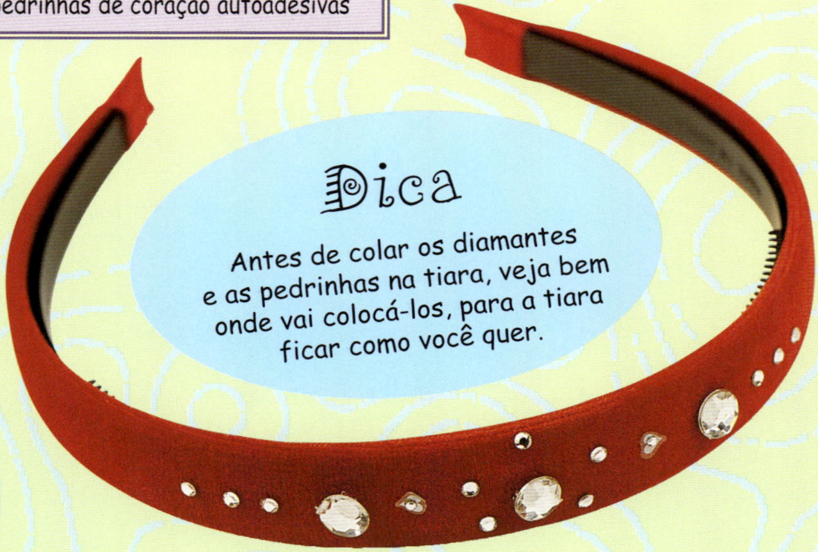

Dica

Antes de colar os diamantes e as pedrinhas na tiara, veja bem onde vai colocá-los, para a tiara ficar como você quer.

Tiara cintilante

Existem diversas cores de cola glitter e é muito fácil de usá-la: apenas esprema um pouco dela na tiara e deixe secar. Aqui, usamos a cola para desenhar pétalas em volta de diamantes e pedrinhas de cristal.

Você precisa de:

- 1 tiara
- diamantes de plástico de base plana
- cola de tecido
- pedrinhas de cristal autoadesivas
- cola glitter prateada e verde

1. Passe um pouco de cola atrás de cada diamante e pressione na tiara, nos locais escolhidos. Deixe secar da noite para o dia.

2. Arranje as pedrinhas de cristal ao lado dos diamantes, como na foto acima. Use a cola glitter prateada para desenhar pétalas em volta dos diamantes. Deixe secar.

3. Faça mais pétalas com a cola glitter verde e deixe secar da noite para o dia.

FIVELA BRILHANTE

Parece difícil fazer essa fivela elegante, mas não é. As miçangas são penduradas em um fio forte que é amarrado por dentro. Se quiser variar, é só trocar as miçangas por uma sequência diferente!

Você precisa de:

- 1 fivela de metal simples
- fio de náilon para as miçangas
- miçangas pequenas e grandes
- 1 tesoura

1. Fios de náilon são vendidos em lojas de material de artesanato. Corte um pedaço de fio com o dobro do tamanho da fivela. Amarre uma ponta na parte de dentro da fivela e deixe a outra solta.

2. Pendure as miçangas pela ponta solta do fio. Pare quando tiver um fio com miçangas do comprimento da fivela. Dê um nó depois da última miçanga para prendê-las.

3. Segure a linha de miçangas contra a fivela e amarre a ponta solta na parte de dentro dela. Corte o excesso de fio com a tesoura.

Dica quente

Muitas lojas vendem pacotes de miçangas de cores e tamanhos diferentes. Geralmente, é mais barato comprar assim do que por unidade.

Cores da moda

Você acha que tinta é só para parede? Então conheça a tinta acrílica para artesanato, disponível em todas as cores imagináveis e fácil de encontrar em qualquer loja de material de arte ou artesanato. Escolha algumas cores e um pincel pequeno e solte sua criatividade! Para pintar acessórios de plástico, é melhor passar uma lixa média neles antes. Isso ajuda a fixar a tinta na superfície.

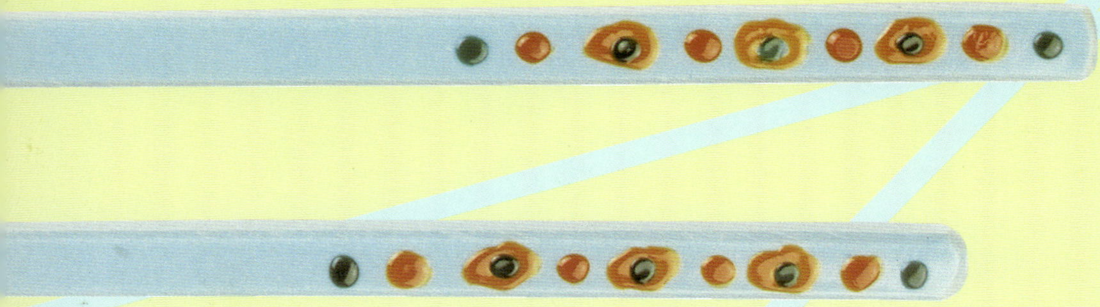

Palitinhos chiques

É muito fácil transformar um par de palitos de plástico barato em um acessório de cabelo exclusivo. Pinte os palitos inteiros ou apenas a parte de cima. Você escolhe!

Dica quente

Para um toque de brilho, use esmalte de unha com glitter! Faça pontos, faixas ou pinte um lado inteiro.

Você precisa de:

- 1 par de palitos de plástico
- 1 lixa média
- diversas cores de tinta acrílica para artesanato
- 1 pincel
- papel-toalha

1. Lave e seque os palitos.

2. Passe a lixa nas partes que você quer pintar. Limpe todo o pó.

3. Pegue as tintas e o pincel e comece sua arte! Pinte os desenhos mostrados aqui ou crie os seus! Sempre deixe cada cor secar antes de aplicar a próxima. Seu pincel também deve ser totalmente lavado antes de aplicar uma cor diferente. Quando terminar, coloque os palitos em pé dentro de um copo velho e deixe secar da noite para o dia.

índice